Stéphane Ternoise

# Conforme à notre Constitution,

*Peut adhérer à Sofia tout auteur d'un ouvrage publié à compte d'éditeur*

la Loi sur

## le droit de prêt

## en bibliothèque ?

Jean-Luc Petit éditions – Collection Opinions

# Conforme à notre Constitution, la Loi sur le droit de prêt en bibliothèque ?

**Du même auteur\***

Certaines œuvres sont connues sous différents titres.

*Romans*

La Faute à Souchon : (Le roman du show-biz et de la sagesse)
Quand les familles sans toit sont entrées dans les maisons fermées
Liberté j'ignorais tant de Toi (Libertés d'avant l'an 2000)
Viré, viré, viré, même viré du Rmi !
Ils ne sont pas intervenus (Peut-être un roman autobiographique)

*Théâtre*

Neuf femmes et la star
Les secrets de maître Pierre, notaire de campagne
Ça magouille aux assurances
Chanteur, écrivain : même cirque
Deux sœurs et un contrôle fiscal
Amour, sud et chansons
Pourquoi est-il venu :
Aventures d'écrivains régionaux
Avant les élections présidentielles
Scènes de campagne, scènes du Quercy
Blaise Pascal serait webmaster
Trois femmes et un Amour
J'avais 25 ans
« Révélations » sur « les apparitions d'Astaffort » Brel  Cabrel

*Théâtre pour troupes d'enfants*

La fille aux 200 doudous
Les filles en profitent
Révélations sur la disparition du père Noël
Le lion l'autruche et le renard,
Mertilou prépare l'été
Nous n'irons plus au restaurant

\* extrait du catalogue, voir page 42

4

# Stéphane Ternoise

## Conforme à notre Constitution, la Loi sur le droit de prêt en bibliothèque ?

**6 novembre 2013**

Jean-Luc PETIT Editeur - collection opinions
livrepapier.com

# Stéphane Ternoise versant essayiste :

# http://www.**essayiste**.net

## Tout simplement et logiquement !

Site officiel : http://www.ecrivain.pro

# Conforme à notre Constitution, la Loi sur le droit de prêt en bibliothèque ?

# Stéphane Ternoise

## Conforme à notre Constitution,

Peut adhérer à Sofia tout auteur
d'un ouvrage publié à compte d'éditeur

## la Loi sur le droit de prêt en bibliothèque ?

## Présentation

La France s'honore d'aider les écrivains également par la rémunération au titre du prêt en bibliothèque. Leurs livres sont achetés et en plus ils touchent un droit de prêt. Quelle exception culturelle ! Quel bonheur !

Mais les portes du gestionnaire de cette manne financière, de la Société Française des Intérêts des Auteurs de l'écrit (SOFIA), sont fermées aux écrivains indépendants, pourtant professionnels de l'édition, déclarés en profession libérale, auteur-éditeur.

Pourquoi ? Notre chère notion de justice s'arrête là où débutent les intérêts des installés ? Faut-il tout mettre en œuvre pour pérenniser un système où l'écrivain laisse 90% du prix d'un livre aux intermédiaires car « *l'éditeur fait la littérature* » (Aurélie Filippetti, 28 juin 2012) ?

« *Ce texte, que l'on sent écrit par les éditeurs, pour les éditeurs* » déclarait à l'Assemblée, en 2012, Lionel Tardy, lors du grand cirque sur un autre scandale "l'exploitation numérique des livres indisponibles du XXe siècle"... dont les droits (les miettes) seront également gérés par cette Sofia !
Il aurait sûrement pu s'exprimer de la même manière au sujet de la loi du 18 juin 2003 qui a

organisé la rémunération au titre du prêt des livres dans les bibliothèques... en excluant une partie des éditeurs, les vrais indépendants !

Une loi peut être inconstitutionnelle : il suffit qu'elle lèse des minorités non représentées au Parlement ! Dix ans de ghettoïsation.

Le SNE (Syndicat National de l'Edition, officiellement ; alors qu'il s'agit plus du Syndicat National des Editeurs Traditionnels) dirige l'édition en France ? Aucun état d'âme chez les parlementaires ?

L'information peut scandaliser des lectrices et lecteurs ? L'information peut réveiller des parlementaires ? Aurélie Filippetti ?

Un petit pavé (un livre court mais précis) sur les belles devantures du monde officiel des lettres... Oui, c'est ainsi, dans la justice et l'équité, que se partage l'argent de la culture...

Stéphane Ternoise
http://www.ecrivain.pro
http://www.bibliotheque.pro (portail créé pour présenter aux bibliothèques et médiathèques des livres « hors marchés publics », leur présenter la loi réelle...)

## Le droit de prêt

L'existence du droit de prêt en France est une conséquence de la directive européenne n°92/100 du Conseil du 19 novembre 1992, relative au droit de location et de prêt. Elle reconnaît, dans son article 1er, le droit d'autoriser ou d'interdire le prêt d'originaux ou de copies.

La loi du 18 juin 2003 l'a organisé en France en créant un droit à rémunération pour l'auteur au titre du prêt de ses livres dans les bibliothèques. Cette licence légale garantissait aux bibliothèques le « droit de prêter ». Les livres des écrivains indépendants furent donc exclus de la loi ! Comme si certains souhaitaient qu'ils n'entrent pas en bibliothèque...

Adopté à l'unanimité par le Sénat le 8 octobre 2002, le projet de loi relatif au droit de prêt vint ensuite en première lecture à l'Assemblée Nationale le 2 avril 2003 et le Parlement l'adopta le 18 juin 2003 (sous le deuxième gouvernement Jean-Pierre Raffarin du président Chirac Jacques, avec Jean-Jacques Aillagon Ministre de la Culture et de la Communication).
L'auteur perdait son droit d'autoriser ou d'interdire le prêt des exemplaires de son œuvre... contre une rémunération compensatoire qu'il partage à parts égales avec son cher éditeur... L'auteur, s'entend celui dans le système

11

de l'édition traditionnelle ! Très bonne affaire des éditeurs qui obtenaient 50% des droits alors que ces droits appartenaient le plus souvent à 100% aux écrivains (non repris dans le contrat)

L'exclusion des indépendants figure dans le code de la propriété intellectuelle ! Grande démocratie que la France ! Chapitre 3 du livre premier du code de la propriété intellectuelle.

Article L133-1

« *Créé par Loi n°2003-517 du 18 juin 2003 - art. 1 Journal Officiel du 19 juin 2003, en vigueur le 1er août 2003.*

*Lorsqu'une œuvre a fait l'objet d'un contrat d'édition en vue de sa publication et de sa diffusion sous forme de livre, l'auteur ne peut s'opposer au prêt d'exemplaires de cette édition par une bibliothèque accueillant du public.*

*Ce prêt ouvre droit à rémunération au profit de l'auteur selon les modalités prévues à l'article L. 133-4.* »

Petite phrase suffisante : « *Lorsqu'une œuvre a fait l'objet d'un contrat d'édition* ». Un écrivain, auteur-éditeur, ne se fait de contrat d'édition : travailleur indépendant, il assume ses charges avec ses recettes. Auteur-éditeur, une profession libérale (pour connaître ce statut juridique, lire : *"Auto-édition autopublication : faire soi-même, être auteur-éditeur"* de Jean-Luc Petit). Bientôt 10 ans que cet article existe. Les installés semblent en être satisfait.

On pourrait conclure, ès béotien juridiquement, qu'en cas de contrat d'édition l'auteur ne peut s'opposer au prêt en bibliothèque mais qu'au sujet du droit à rémunération, tout livre peut y prétendre (même sans "contrat d'édition"). Mais ce n'est pas ainsi qu'est appliquée la loi par la Sofia. Il faut donc en conclure que ce « *droit à rémunération* » s'applique uniquement pour une « *œuvre* [qui] *a fait l'objet d'un contrat d'édition.* » Donc cet article rejette dans les poubelles littéraires tout livre publié sans contrat d'édition ? Tout livre publié par un travailleur indépendant, une profession libérale auteur-éditeur, ne doit pas venir "voler" de l'argent public aux éditeurs "traditionnels" ?

Article L133-4

« *Modifié par LOI n°2009-526 du 12 mai 2009 - art. 45 (V)*

*La rémunération au titre du prêt en bibliothèque est répartie dans les conditions suivantes :*

*1° Une première part est répartie à parts égales entre les auteurs et leurs éditeurs à raison du nombre d'exemplaires des livres achetés chaque année, pour leurs bibliothèques accueillant du public pour le prêt, par les personnes morales mentionnées au troisième alinéa (2°) de l'article 3 de la loi n° 81-766 du 10 août 1981 précitée, déterminé sur la base des informations que ces personnes et leurs fournisseurs communiquent à la ou aux sociétés mentionnées à l'article L. 133-2 ;*

*2° Une seconde part, qui ne peut excéder la moitié du total, est affectée à la prise en charge d'une fraction des cotisations dues au titre de la retraite complémentaire par les personnes visées aux troisième et quatrième alinéas de l'article L. 382-12 du code de la sécurité sociale. »*

Cet article pourrait s'appliquer à l'auteur-éditeur, qui recevrait donc les des parts.

Quant à l'Article L133-2

*« Créé par Loi n°2003-517 du 18 juin 2003 - art. 1 JORF 19 juin 2003 en vigueur le 1er août 2003*

*La rémunération prévue par l'article L. 133-1 est perçue par une ou plusieurs des sociétés de perception et de répartition des droits régies par le titre II du livre III et agréées à cet effet par le ministre chargé de la culture.*

*L'agrément prévu au premier alinéa est délivré en considération :*

*- de la diversité des associés ;*
*- de la qualification professionnelle des dirigeants ;*
*- des moyens que la société propose de mettre en œuvre pour assurer la perception et la répartition de la rémunération au titre du prêt en bibliothèque ;*
*- de la représentation équitable des auteurs et des éditeurs parmi ses associés et au sein de ses organes dirigeants.*
*Un décret en Conseil d'Etat fixe les conditions de délivrance et de retrait de cet agrément. »*

Il est intéressant de rapprocher cet article avec celui de la loi 2012-287 du 1er mars 2012, organisant « une nouvelle » société de perception de droits pour les « œuvres indisponibles » du vingtième siècle. Toujours des garanties mais dans la réalité... D'ailleurs la Sofia fut candidate pour gérer ces « œuvres indisponibles » et les gère désormais...

Quant à l'Article L133-3

*« La rémunération prévue au second alinéa de l'article L. 133-1 comprend deux parts.*

15

*La première part, à la charge de l'Etat, est assise sur une contribution forfaitaire par usager inscrit dans les bibliothèques accueillant du public pour le prêt, à l'exception des bibliothèques scolaires. Un décret fixe le montant de cette contribution, qui peut être différent pour les bibliothèques des établissements d'enseignement supérieur, ainsi que les modalités de détermination du nombre d'usagers inscrits à prendre en compte pour le calcul de cette part.*

*La seconde part est assise sur le prix public de vente hors taxes des livres achetés, pour leurs bibliothèques accueillant du public pour le prêt, par les personnes morales mentionnées au troisième alinéa (2°) de l'article 3 de la loi n° 81-766 du 10 août 1981 relative au prix du livre ; elle est versée par les fournisseurs qui réalisent ces ventes. Le taux de cette rémunération est de 6 % du prix public de vente. »*

L'État verse une rémunération forfaitaire de 1,50 € par inscrit en bibliothèque publique et 1€ par inscrit pour les bibliothèques universitaires (les usagers des bibliothèques scolaires n'entrent pas dans le calcul). La contribution de l'État est d'environ 11 millions d'euros par an.

La perception a débuté en décembre 2005. Outre les contributions de l'État, la Sofia a perçu la rémunération auprès des libraires, au taux de 3 pour cent pour la période allant du 1er août 2003 au 31 juillet 2004 (hors marchés publics en cours) et de 6 pour cent du prix public hors taxe de chaque livre vendu à une bibliothèque de prêt du 1er août 2004 au 31 décembre 2004 (tous achats confondus).

La première distribution fut réalisée avec les rémunérations perçues au titre de l'exercice 2003-2004 et mises en répartition à l'été 2007. Pour les sommes collectées au titre des années 2003-2004 et 2005, des règles de répartition temporaires furent adoptées par l'Assemblée Générale de Sofia, le 26 avril 2007, visant à favoriser la distribution la plus rapide possible des droits vers l'ensemble des auteurs et des éditeurs intéressés.

11 241 auteurs ont touché lors la première répartition, 351 entre 1000 et 10 781 euros, 2010 entre 150 et 999 euros.

La part des auteurs étrangers, qui s'élevait à 674 279 euros demeura en compte et attendait des accords avec des sociétés d'auteurs. « *Les éditeurs qui sont en relation direct avec les auteurs étrangers peuvent également demander à Sofia de répartir ces rémunérations dès lors qu'ils sont en relation directe avec l'auteur ou son agent.* »

Le total des éditeurs bénéficiaires pour la répartition 2003-2004 fut de 1489. 16 ont reçu de 108 692 à 507 260 euros.

Il ne s'agit donc pas de sommes anodines et c'est aussi avec cet argent que les éditeurs peuvent tenir les écrivains dans leurs écuries. Les parlementaires en excluant ainsi les indépendants, ont-ils respecté le principe d'égalité entre les citoyens ? Est-ce aux parlementaires de décréter, en soutenant leur commerce, qu'un écrivain doit passer par un éditeur traditionnel ?

http://www.la-sofia.org ne fournit pas les chiffres récents, ni les répartitions par éditeur...

## Les parlementaires

Que les éditeurs traditionnels aient souhaité organiser la filière livre à leur profit, en décidant le plus possible des marges accordées aux libraires, en contrôlant la distribution et en tenant les écrivains, les nourrissant de miettes, peut se comprendre. Mais il fallut des lois, donc des parlementaires, députés et sénateurs, pour les voter.

Ils ignoraient ces conséquences ? Ils ignorent l'existence d'écrivains indépendants ? Ils ignorent que bien plus d'écrivains seraient indépendants sans verrouillage de l'accès aux médias, donc au grand public ? Ils ignorent qu'ils ont été élus pour voter des lois justes et non des lois favorables aux installés ?

Autre loi, récente, mais déclaration forte : le 19 janvier 2012, lors de la séance consacrée à l'étude du texte sur "l'exploitation numérique des livres indisponibles du XXe siècle", Lionel Tardy lançait à l'Assemblée : « *ce texte, que l'on sent écrit par les éditeurs, pour les éditeurs.* » Mais le député, pourtant l'un des rares élus à comprendre les enjeux de l'ebook, n'a sûrement pas jugé la nouvelle atteinte aux écrivains assez profonde pour désavouer son parti. (voir *Écrivains, réveillez-vous ! - La loi 2012-287 du 1er mars 2012 et autres somnifères* de Stéphane Ternoise)

A retenir : « *ce texte, que l'on sent écrit par les éditeurs, pour les éditeurs.* » Ce résumé aurait-il pu être prononcé au sujet du texte organisant la rémunération pour le prêt en bibliothèque ?

Son homologue, David Assouline, au Sénat, s'exclamait, lors des débats sur le prix unique du livre « *Il est incompréhensible que les éditeurs nous disent que, s'il y a une économie de coût, les auteurs n'ont pas à bénéficier d'une rémunération digne et équitable ! Là où le marché du livre numérique s'impose, les économies sont importantes. (...) Avec le livre numérique, l'éditeur touchera sept fois plus que l'auteur !* » (29 mars 2011)

## La SOFIA

« *La Sofia, Société Française des Intérêts des Auteurs de l'écrit, est une société civile de perception et de répartition de droits, administrée à parité par les auteurs et les éditeurs dans le domaine exclusif du Livre.*
*Seule société agréée par le ministre chargé de la Culture pour la gestion du droit de prêt en bibliothèque, la Sofia perçoit et répartit le droit de prêt en bibliothèque. Elle perçoit et répartit également, à titre principal, la part du livre de la rémunération pour copie privée numérique.* »

Copie privée et gestion du droit de prêt en bibliothèque, même adresse, même combat, donc. Avec désormais en plus "les indisponibles"... à quand la gestion collective obligatoire ? (vous croyez cette phase déplacée ? Alors je vous donner à méditer : « *la gestion collective obligatoire est un recours imparable, mais elle ne sera pas mise en place avant 2012-2013...*» Son auteur et le contexte ? Quand Hachette Livre et Google ont signé un protocole d'accord pour la numérisation, par Google, d'œuvres indisponibles du catalogue Hachette, Vianney de la Boulaye, directeur juridique de Hachette Livre, fut interrogé par Amélie Blocman pour Légipresse n° 278 - décembre 2010... déclarations analysées dans "*écrivains, réveillez-vous !*")

Les auteurs peuvent adhérer à la Sofia :

« *Pour percevoir les droits gérés par Sofia dans les conditions les plus favorables,*

*- Pour recevoir régulièrement une information utile sur toutes les évolutions concernant le droit d'auteur et les actions conduites en votre faveur auprès des pouvoirs publics,*

*- Pour faire entendre votre voix dans la seule société qui réunisse à parité auteurs et éditeurs et qui prenne des initiatives communes au plan politique et juridique pour la défense de vos droits.* »

Contre un chèque de 38 euros l'auteur obtiendra une part sociale. Mais il doit avoir publié à compte d'éditeur...

Quant aux éditeurs, ils doivent présenter des contrats d'édition pour adhérer. Ce qui semble exclure "en douceur" la catégorie des auteurs-éditeurs indépendants !

La Société Française des Intérêts des Auteurs de l'écrit (SOFIA) fut créée en février 2000 par le SNE (Syndicat national de l'édition... j'insiste : Syndicat national des éditeurs classiques semblerait plus précis) et la SGDL (Société des gens de lettres de France... gens de lettres passés par un contrat à compte d'éditeur). Les indépendants n'étaient donc déjà pas représentés. Il suffit bien de se mettre autour d'une table en prétendant représenter le secteur pour exclure les "marginaux", les non inféodés.

Les rapprochements éclairent parfois, comme des lapsus officiels. SOFIA. Et non « sophia », la sagesse en grec.

Sofia, capitale de la Bulgarie, Sofia, l'une des grandes villes de l'Histoire de la dictature communiste. Il fallait être du parti ou ne pas exister. Qui a décidé d'un tel acronyme ? Des nostalgiques d'un système où il était facile d'exclure tout déviant qui refusait le moule réaliste-socialiste ? Ils se sont imposés en douceur les apparatchiks dans nos démocraties, où l'on fait carrière dans le grand parti des installés qui se tiennent par la barbichette médiatique et les généreuses subventions. Nos apparatchiks sont les membres d'un système culturo-politico-administratif, ils profitent de leur rang, leur situation, pour asseoir leur légitimité, leur ascendant, s'enrichir. Et ce fut une grande réussite, "personne" ne s'imagine en effet que certains écrivains sont privés de ce financement. S'ils en sont privés, c'est qu'ils ne sont pas de vrais écrivains. Les écrivains doivent se soumettre à l'organisation oligarchique et capitaliste de l'édition française ! Et seuls les médiocres ou aigris contesteront ce choix « pragmatique. » C'est ainsi ! Point ! Interrogée, naturellement la Sofia confirme

Le 3 juillet 2012 :

Bonjour,
Je vous confirme que les livres autoédités n'entrent dans le cadre du droit de prêt.
Ils ne sont pas déclarés par les bibliothèques et donc pas rémunérés.
Le contrat d'édition est indispensable.
Je vous précise qu'à ce jour seuls les livres en version papier sont pris en compte.
Cordialement,
Réponse au message du 20 juin 2012 :

Bonjour,

Auteur-éditeur professionnel (numéro Siret, charges Urssaf, Rsi, BNC...), je ne touche actuellement aucun "droit de prêt."

Merci de m'indiquer de quelle manière je peux y prétendre (14 livres en papier et une soixantaine en numérique)

Naturellement, Auteur-éditeur, je ne signe pas de contrats d'édition.

Une phrase m'inquiète
*"Tous les éditeurs cessionnaires de droits d'exploitation d'œuvres peuvent adhérer à Sofia sur justification de l'existence de contrats d'édition.*
http://www.la-sofia.org/sofia/editeurs-de-livres.jsp"

Elle semblerait signifier que les indépendants sont exclus de la gestion du droit de prêt.

Est-ce le cas ?

Amitiés

Stéphane Ternoise
www.ecrivain.pro

## La Sofia, acte d'adhésion novembre 2013

Du fait même de mon adhésion :
Je fais apport en gérance, pour tous pays et pour la durée de la Société, sur toutes mes œuvres créées et futures faisant l'objet d'un contrat d'édition, des droits suivants :
- rémunération au titre du prêt en bibliothèque,
- rémunération pour copie privée numérique,
- droit de location,
- sommes en provenance du Centre Français d'exploitation du droit de Copie.

http://www.la-sofia.org/sofia/webdav/site/Sofia/shared/Adh % C3% A9sion %20auteur/Acte_Adhesion_Auteur21sept12.pdf

## STATUTS

3.2 Les apports de droits portent exclusivement sur des œuvres faisant l'objet d'un contrat d'édition, quel que soit leur genre, notamment littéraire, scientifique, technique, scolaire, pratique, artistique, théâtral, poétique, documentaire, photographique, de bande dessinée et quel que soit le support sur lequel elles sont diffusées.

## Les lois sont-elles forcément conformes à la Constitution ?

Pour qu'une loi puisse être déclarée non conforme à la Constitution, il faut qu'elle soit présentée au conseil constitutionnel ! Et ce n'est pas automatique !

Il suffit donc de léser des citoyens invisibles et silencieux pour imposer l'illégal ! Et dans ce pays, où médias, politiques et oligarchie se tiennent par la barbichette, il semble facile d'occulter les indépendants... Les vrais indépendants...

Pour appliquer une loi illégalement, il suffit de s'asseoir autour d'une table entre membres d'une oligarchie et prétendre représenter l'ensemble de la profession. Les écrivains indépendants sont totalement inorganisés. Je vais déplaire mais les écrivains sont même totalement inorganisés... aucun écrivain réel ne me semble disposer du temps à passer dans ces conseils d'administration... Qui sont des ces membres ?... Je vous laisse conclure !

Cette loi respecte la Constitution française ?

Cette loi est appliquée. Depuis une décennie. Gauche droite pour la voter. Gauche droite pour l'appliquer. Elle me semble pourtant contraire au principe d'égalité des citoyens. Mais cette impression n'a aucune valeur juridique : il existe des procédures précises pour abroger une loi...

Simple écrivain, je suis donc remonté à la *Déclaration de 1789* (depuis la décision du 16 juillet 1971, elle fait partie du "*bloc de constitutionnalité*" auquel le Conseil constitutionnel français confronte les lois qu'il a à examiner), dont l'article premier affirme « *les hommes naissent et demeurent libres et égaux en droit. Les distinctions sociales ne peuvent être fondées que sur l'utilité commune* ». L'article 6 dispose que « *la loi doit être la même pour tous.* » Mais le Conseil constitutionnel a estimé que « *le principe d'égalité ne s'oppose ni à ce que le législateur règle de façon différente des situations différentes ni à ce qu'il déroge à l'égalité pour des raisons d'intérêt général pourvu que, dans l'un et l'autre cas, la différence de traitement qui en résulte soit en rapport avec l'objet de la loi qui l'établit.* » (7 janvier 1988)
Les éditeurs traditionnels représentent l'intérêt général ? Surtout face aux écrivains indépendants qui prétendent vivre modestement de leur plume ? Exclure un statut social (profession libérale auteur-éditeur, est-ce respecter la Constitution ?)

Le Conseil ne pouvant se saisir d'une loi, certains textes peuvent ne pas lui être soumis.

Toutes les lois ne sont donc pas validées par le Conseil Constitutionnel... donc si les lésés n'ont pas les moyens de se faire entendre de députés et sénateurs, c'est compliqué...

Jusqu'en 1946, aucun contrôle de la conformité des lois à la Constitution n'existait en la France. La loi, expression de la souveraineté du peuple, ne pouvait être contestée juridiquement. (le comité constitutionnel de la IVe République relevait plus de l'apparat, tant ses pouvoirs restaient limités)

La Ve République a instauré le Conseil constitutionnel. Un contrôle nécessitant la saisine du président de la République, du Premier ministre, du président de l'Assemblée nationale ou du Sénat. Ce qui limitait sa capacité de regard.

En 1974, la saisine à la demande de 60 députés ou de 60 sénateurs devenait possible. L'opposition pouvait alors intervenir...

La révision constitutionnelle du 23 juillet 2008 accorde à tout justiciable le droit de contester, devant le juge en charge de son litige, la constitutionnalité d'une disposition législative applicable à son affaire parce qu'elle porte atteinte aux droits et libertés que la Constitution garantit.
Il s'agit alors de présenter une "question prioritaire de constitutionnalité."

C'est donc à l'occasion d'un procès devant une juridiction administrative ou judiciaire, qu'une telle procédure doit être lancée... Il me faudrait lancer un procès contre la Sofia ?

Quand il est saisi, le Conseil constitutionnel examine la conformité de la loi avec le bloc de constitutionnalité (la Constitution, son préambule, celui de la Constitution de 1946, la Déclaration des droits de l'homme de 1789).

La distorsion de concurrence entre les auteurs-éditeurs et les éditeurs classiques me semble peu justifiable.

## Rappel historique : les auteurs se sont laissés subtiliser LEUR DROIT de PRET...

Les éditeurs ont dit : pour l'instant vous ne touchez rien, grâce à nous vous toucherez la moitié des sommes en jeu. C'est cela, ou rien ! Je résume naturellement. Ni monsieur Gallimard ni monsieur Lagardère ne se sont exprimés ainsi.
Mais le droit de prêt, qui appartenait entièrement aux auteurs, leur a été subtilisé à 50% par les éditeurs traditionnels.
Et là où il n'y a pas d'éditeurs traditionnels, ces gens sont parvenus à faire écrire qu'il n'y a pas de droit !

Quand la directive européenne de 1992 a enjoint aux États de mettre en place un droit de prêt dans les bibliothèques, les différentes parties se sont positionnées. Il existe un intéressant rapport de juillet 1998, pour Madame la Ministre de la Culture et de la Communication (Catherine Trautmann, gouvernement Lionel Jospin, résidence Jacques Chirac), "LA QUESTION DU DROIT DE PRET DANS LES BIBLIOTHEQUES", réalisé par Jean-Marie Borzeix (assisté de Jean-Wilfrid Pré)

Quelques passages :
« En droit français, le personnage clef est et demeure l'auteur et les prérogatives patrimoniales qu'il détient sur ses œuvres.

Comme tout droit de propriété, celui-ci peut être transféré à autrui par cession avec toutefois une réserve juridique capitale : le concept de destination c'est à dire la détermination de la volonté expresse de ce que l'auteur a autorisé ou non.

La base législative actuelle est l'article L 131.3 du code de la propriété intellectuelle qui reprend les termes de la loi du 11 mars 1957. L'alinéa premier

de cet article dispose que « la transmission des droits de l'auteur est subordonnée à la condition que chacun des droits cédés fasse l'objet d'une mention distincte dans l'acte de cession et que le domaine d'exploitation des droits cités soit délimité quant à son étendue et à sa destination, quant au lieu et quant à la durée ».

Il en résulte que tout usage même limité d'une œuvre protégée nécessite au préalable le consentement de l'auteur. Le droit exclusif de l'auteur revêt le caractère d'un monopole et bénéficie de règles extrêmement protectrices

qui peuvent, brièvement, être résumées comme suit :

a) Le droit reconnu à l'auteur d'accorder à autrui une quelconque prérogative sur son œuvre ne peut que s'interpréter restrictivement.

b) Il en résulte que tout ce qui n'est pas expressément cédé ne saurait faire l'objet d'un consentement implicite ou tacite. Même dans l'hypothèse où un auteur n'aurait pas réagi à une exploitation sans droit, la tolérance n'est pas constitutive de droits, ni de renonciation ou de déshérence, à la différence de la propriété industrielle.

c) Enfin, la cession de droits doit être constatée par écrit.

L'inclusion du prêt d'une œuvre dans le droit de destination est, au vu de ce qui précède, incontestable et d'ailleurs incontestée par aucune des différentes parties prenantes au dossier. Que le débat sur le droit de prêt public ait été majoritairement initié par les éditeurs est juridiquement sans incidence puisque l'éditeur n'est jamais que le cessionnaire du droit exclusif de l'auteur.

C'est donc bien ce dernier qui est au cœur même du débat. Même si les auteurs ont souvent donné l'impression d'avancer en ordre dispersé, ce n'est pas un hasard si c'est une société d'auteurs, la SGDL, qui a dès le début des années 70 inscrit dans son « cahier de revendications » un chapitre consacré à la reconnaissance des droits de location et de prêt.

Mais c'est seulement à partir de 1996 que le contrat type de l'édition a été modifié pour inclure expressément une clause relative à la cession du droit de prêt de l'auteur à l'éditeur. Ce qui laisse à penser, a contrario, que pour la plupart des contrats antérieurs et en cours, les auteurs n'avaient pas cédé ce droit dont ils gardent donc l'exclusivité.

Pour conclure, en droit interne français :
· le droit de prêt est inclus dans le droit d'auteur ;
· c'est un droit exclusif de l'auteur ;
· il ne peut être cédé par lui que de façon expresse ;
· il ouvre droit à rémunération en application de l'article L.131.4 du code de la propriété intellectuelle. »

Autre passage très instructif :

« - D'une certaine manière, la directive européenne de 1992 sur le droit de prêt a réveillé nombre d'auteurs français et leurs ayants-droit qui se laissaient bercer par les généreux discours sur le droit d'auteur à la française. Elle leur a ouvert des perspectives nouvelles. Ils n'ont pas seulement découvert l'ampleur que prenait la lecture publique dans notre pays. Ils ont aussi souvent à cette occasion découvert que leur situation matérielle était sensiblement moins bonne que celle des auteurs de nombreux pays voisins, que la protection sociale dont ils bénéficiaient était fort déficiente, notamment en ce qui concerne
les retraites. »

« - A propos du prêt dans les bibliothèques, le

sentiment qui domine aujourd'hui parmi les auteurs est d'être exploités, sinon spoliés. Si la plupart saluent le magnifique travail que font les bibliothécaires pour mettre leurs œuvres à la disposition du public et les valoriser, beaucoup font remarquer que ces personnels ne sont pas bénévoles (en dehors des petits établissements ruraux et des bibliothèques privées ou associatives), mais payés sur fonds publics pour la tâche qu'ils effectuent. Pourquoi les auteurs auraient-ils vocation à être des philanthropes ?, s'interrogent-ils. »

« - En France, la répartition des droits annexes entre l'auteur et l'éditeur se fait d'ordinaire à égalité 50/50. Celle-ci pourrait bien sûr valoir pour le droit de prêt. Mais on pourrait aussi songer à un partage différent, par exemple de 70% pour l'auteur et 30% pour l'éditeur (...) Rappelons d'ailleurs que dans les pays européens où le droit de prêt est appliqué, les rémunérations qu'il génère sont soit exclusivement, soit majoritairement destinées aux auteurs. »

Mais désormais on considère équitable que l'éditeur traditionnel gagne bien plus que l'auteur et l'auteur qui refuse ce système est ghettoïsé.
M. David Assouline, le 29 mars 2011, lors du débat sur le prix unique du livre numérique au Sénat :

« Quand je vois les éditeurs s'insurger contre une petite phrase sur « la rémunération juste et équitable des auteurs », je me dis que les masques tombent. Il n'y aurait pourtant pas de livres sans auteurs, pas de création sans créateurs. Des dizaines de milliers d'auteurs sont dans l'impossibilité de vivre de leur travail.

Avec le numérique, nombre de coûts vont être atténués, du papier à l'imprimerie et au stockage, on pourrait donc se préoccuper enfin des auteurs. Et on nous dit « Oh non, surtout pas » ! Nous ne pouvons rester les bras ballants face à cela.

À l'heure actuelle, 55 % de coût du livre représente la distribution, 15 % l'impression, 20 % l'éditeur et 10 % l'auteur. Avec le livre numérique, l'éditeur touchera sept fois plus que l'auteur !

Je n'ai donc pas compris que les députés aient pu céder sur ce point. Les éditeurs japonais, américains, canadiens m'ont dit la même chose : le numérique réduit de 40 % les coûts d'édition. »

http://www.senat.fr/cra/s20110329/s20110329_21.html

Mais les éditeurs se sont prétendus indispensables et le troupeau le répète...

## Un climat anti indépendants en France

Cette loi sert également à maintenir un état d'esprit anti indépendants dans le pays. Ainsi les bibliothèques achètent "peu" l'auto-édité. Je peux même citer un département où la Bibliothèque Départementale de Prêt consacre l'ensemble de son budget aux achats via les "marchés publics", où les libraires sont privilégiés...

J'ai dénoncé en 2004 : suivant les nouvelles procédures décrétées par le Conseil général, la Bibliothèque départementale de prêt du Lot (Place des Consuls 46000 Cahors) n'a « *aucune marge de manœuvre* ». (180 000 euros destinés aux « marchés publics »)

Ni Gérard MIQUEL, président, ni Gérard AMIGUES, l'adjoint à la culture, n'ont depuis daigné répondre ! Ce dernier ne comprend pas pourquoi je ne l'apprécie guère...

Avant, la BDP du Lot achetait aux indépendants... elle possède ainsi mes premières publications...

Au niveau de la région Midi-Pyrénées, Martin Malvy utilise le même genre de petite phrase pour exclure les indépendants des bourses d'écrivains, et de l'ensemble des aides du Centre régional des Lettres. ***Quand Martin Malvy publie un livre : questions de déontologie*** se place dans les pas de « *l'auteur doit avoir publié au moins un livre à compte d'éditeur (sous forme imprimée).* »

Un indépendant doit se suicider pour montrer qu'il existe ?

Abidjan
une brouette
ça s'use

## Un avocat, peut-être...

Je ne suis pas avocat. L'approche juridique d'un avocat est indispensable. Ou celle de parlementaires qui auraient une très haute estime de leur rôle devant l'histoire ? Ou un parlementaire-avocat ?
Un livre, c'est également une nouvelle possibilité pour rendre visible, audible, ce qui est bien caché par les installés. Tout est possible...

Faute de pouvoir m'exprimer à l'Assemblée, c'est devant les canards que j'ai prononcé « en excluant la profession libérale auteur-éditeur du droit à rémunération, l'article L133-1 du code de la propriété intellectuelle, créé par la Loi n°2003-517 du 18 juin 2003, en vigueur depuis le 1er août 2003, est contraire à notre Constitution, doit être abrogée et les auteurs lésés être dédommagés. De la même manière, tout article ou règlement reprenant cette exigence de contrat d'édition devra être déclaré passible de poursuites »

L'amendement Ternoise n'est sûrement pas pour 2014 !

Canards du Quercy

## Un débat, au moins...

Puisse au mois ce livre susciter un débat. Depuis sa promulgation, cette loi a exclu des écrivains, sans qu'ils aient les moyens, la possibilité, de porter à la connaissance du grand public cette pratique.
Écrivain indépendant, je m'engage, également dans l'indépendance des écrivains !

Mais l'auteur, qui plus est peu médiatisé (indépendant donc peu médiatisé) ne peut espérer déplacer des montagnes, pas même changer le sens du vent qui active les girouettes.

Ce qui devait être écrit est désormais publié. Un billet de loterie sur la possibilité d'une prise de conscience...

## Stéphane Ternoise

Stéphane Ternoise est né en 1968. Il publie depuis 1991. Il est depuis le premier jour éditeur indépendant.

15 de ses livres sont disponibles en papier dos carré collé via un « tirage en grande quantité » (2500 maximum)

*La Révolution Numérique, le roman, le combat, les photos*, 2013

*Théâtre pour femmes*, 2010

*Ils ne sont pas intervenus (le livre des conséquences)*, roman, 2009

*Théâtre peut-être complet*, théâtre, 2008

*Global 2006*, romans, théâtre, 2007

*Chansons trop éloignées des normes industrielles et autres Ternoise-non-autorisé*, 2006

*Théâtre de Ternoise et autres textes déterminés*, 2005

*La Faute à Souchon ?*, roman, 2004

*Amour - État du sentiment et perspectives*, essai, 2003

*Vive le Sud ! (Et la chanson... Et l'Amour...)*, théâtre, 2002

*Chansons d'avant l'an 2000*, 120 textes, 1999

*Liberté, j'ignorais tant de Toi*, roman, 1998

*Assedic Blues, Bureaucrate ou Quelques centaines de francs par mois*, essai, 1997

*Arthur et Autres Aventures*, nouvelles, 1992

*Éternelle Tendresse*, poésie, 1991

D'autres livres sont disponibles en papier ou pixels.

http://www.livrepapier.com

http://www.livrepixels.com

## Versant numérique...

http://www.ecrivain.pro essaye d'être complet, avec un "blog" (je préfère l'expression "une partie des chroniques"). Mais il ne peut naturellement pas copier coller l'ensemble des textes présentés ailleurs.

En ebooks, mes principales publications peuvent se diviser en trois "domaines" : romans, essais, pièces de théâtre (il existe aussi des recueils de chansons et des livres de photos de présentation du Sud-Ouest).

Comprendre le développement numérique de la littérature m'a permis d'obtenir les sites :

http://www.romancier.net

*Peut-être un roman autobiographique* y est à la une. Ce sont les lectrices et lecteurs qui décident de la vie d'une œuvre. Ce roman bénéficie d'excellentes critiques, régulières... mais ventes lentes ! Un roman sûrement plus difficile d'accès que la moyenne. Pour un lectorat exigeant. La formation d'un écrivain ? La résilience, passée par l'amour, les amours.

http://www.dramaturge.net

Mes pièces de théâtre sont désormais parfois jouées. Elles sont toutes disponibles en ebooks.

http://www.essayiste.net

Le monde de l'édition décrypté, comme dans *Écrivains, réveillez-vous ! - La loi 2012-287 du 1er mars 2012 et autres somnifères* ou *Le livre numérique, fils de l'auto-édition.* Mais aussi l'amour analysé dans une perspective stendhalienne avec création du concept de sérénamour, *Amour - état du sentiment et perspectives* et la politique nationale, ses grandes tendances, ses personnages principaux...

## Catalogue numérique :

### *Romans :* ( http://www.romancier.net )

*Ils ne sont pas intervenus (le livre des conséquences) également en version numérique sous le titre Peut-être un roman autobiographique*

**La Faute à Souchon ?** *également en version numérique sous le titre* **Le roman du show-biz et de la sagesse (Même les dolmens se brisent)**

*Liberté, j'ignorais tant de Toi également en version numérique sous le titre Libertés d'avant l'an 2000)*

**Viré, viré, viré, même viré du Rmi**

*Quand les familles sans toit sont entrées dans les maisons fermées*

Ebook : trois romans pour le prix d'un livre de poche


### *Théâtre :* ( http://www.theatre.wf )

*Théâtre peut-être complet*

**La baguette magique et les philosophes**

*Quatre ou cinq femmes attendent la star*

**Avant les élections présidentielles**

*Les secrets de maître Pierre, notaire de campagne*

**Deux sœurs et un contrôle fiscal**

*Ça magouille aux assurances*

**Pourquoi est-il venu ?**

*Amour, sud et chansons*

**Blaise Pascal serait webmaster**

*Aventures d'écrivains régionaux*

**Trois femmes et un amour**

*La fille aux 200 doudous et autres pièces de théâtre pour enfants*

**Théâtre pour femmes**

*Pièces de théâtre pour 8 femmes*
**Onze femmes et la star**
Ebook pas cher : 15 pièces du théâtre contemporain pour le prix d'un livre de poche

**Photos :** ( http://www.france.wf )
*Montcuq, le village lotois*
**Cahors, des pierres et des hommes. Photos et commentaires**
*Limogne-en-Quercy Calvignac la route des dolmens et gariottes*
**Saint-Cirq-Lapopie, le plus beau village de France ?**
*Saillac village du Lot*
**Limogne-en-Quercy cinq monuments historiques cinq dolmens**
*Beauregard, Dolmens Gariottes Château de Marsa et autres merveilles lotoises*
**Villeneuve-sur-Lot, des monuments historiques, un salon du livre... -Photos, histoires et opinions**
*Henri Martin du musée Henri-Martin de Cahors - Avec visite de Labastide-du-Vert et Saint-Cirq-Lapopie sur les traces du peintre*
*L'église romane de Rouillac à Montcuq et sa voisine oubliée, à découvrir - Les fresques de Rouillac, Touffailles et Saint-Félix*

**Livres d'artiste** ( http://www.quercy.pro )
Quercy : l'harmonie du hasard - Livre d'artiste 100% numérique

**Essais :** ( http://www.essayiste.net )
*Le manifeste de l'auto-édition - Manifeste politico-littéraire pour la reconnaissance des écrivains*

indépendants et une saine concurrence entre les différentes formes d'édition

Le livre numérique, fils de l'auto-édition

Écrivains, réveillez-vous ? - La loi 2012-287 du 1er mars 2012 et autres somnifères

Aurélie Filippetti, Antoine Gallimard et les subventions contre l'auto-édition - Les coulisses de l'édition française révélées aux lectrices, lecteurs et jeunes écrivains

Le guide de l'auto-édition numérique en France (Publier et vendre des ebooks en autopublication)

Réponses à monsieur Frédéric Beigbeder au sujet du Livre Numérique (Écrivains= moutons tondus ?)

Comment devenir écrivain ? Être écrivain ? (Écrire est-ce un vrai métier ? Une vocation ? Quelle formation ?...)

Amour - état du sentiment et perspectives

Ebook de l'Amour

Copie privée, droit de prêt en bibliothèque : vous payez, nous ne touchons pas un centime - Quand la France organise la marginalisation des écrivains indépendants

**Chansons :** ( http://www.parolier.info )

Chansons trop éloignées des normes industrielles

Chansons vertes et autres textes engagés

68 chansons d'Amour - Textes de chansons

Chansons d'avant l'an 2000

Parodies de chansons (De Renaud à Cabrel En passant par Cloclo et Jacques Brel)

***En chti :*** ( http://www.chti.es )
*Canchons et cafougnettes (Ternoise chti)*
*Elle tiote aux deux chints doudous (théâtre)*

***Politique :*** ( http://www.commentaire.info )
*Ce François Hollande qui peut encore gagner le 6 mai 2012 ne le mérite pas (Un Parti Socialiste non réformé au pays du quinquennat déplorable de Nicolas Sarkozy)*
*Nicolas Sarkozy : sketchs et Parodies de chansons*
*Bernadette et Jacques Chirac vus du Lot - Chansons théâtre textes lotois*
*Affaire Ségolène Royal - Olivier Falorni Ce qu'il faut en retenir pour l'Histoire - Un écrivain engagé, un observateur indépendant*
*François Fillon, persuadé qu'il aurait battu François Hollande en 2012, qu'il le battra en 2017 (?)*

***Notre vie*** ( http://www.morts.info )
*La trahison des morts : les concessions à perpétuité discrètement récupérées - Cahors, à l'ombre des remparts médiévaux, les vieux morts doivent laisser la place aux jeunes...*
*Cahors : Adèle et Marie Borie contre Jean-Marc Vayssouze-Faure - Appel à une mobilisation locale et nationale pour sauver les sœurs Borie...*

## Jeux de société
( http://www.lejeudespistescyclables.com )
***La France des pistes cyclables - Fabriquer un jeu de société pour enfants de 8 à 108 ans***

***Autres :***
*La disparition du père Noël et autres contes*
**J'écris aussi des sketchs**
*Vive les poules municipales... et les poulets municipaux - Réduire le volume des déchets alimentaires et manger des œufs de qualité*

## Œuvres traduites :

La fille aux 200 doudous :
- *The Teddy (Bear) Whisperer* (Kate-Marie Glover)
- Das Mädchen mit den 200 Schmusetieren (Jeanne Meurtin)

- Le lion l'autruche et le renard :
- How the fox got his cunning (Kate-Marie Glover)

- Mertilou prépare l'été :
- The Blackbird's Secret (Kate-Marie Glover)

- *La fille aux 200 doudous et autres pièces de théâtre pour enfants (les 6 pièces)*
- La niña de los 200 peluches y otras obras de teatro para niños (María del Carmen Pulido Cortijo)


Catalogue complet des ebooks de Stéphane Ternoise sur http://www.ecrivain.in ou sur les plateformes qui le distribuent.

**Les romans** (http://www.romancier.org)

## *Le Roman de la Révolution Numérique*

2013. Un roman toujours invisible, absent des chroniques littéraires, car comme le résume Alain Beuve-Méry, « *Tout dépend de la maison d'édition dans laquelle vous êtes édité, et du travail fait en amont par les attachés de presse auprès des journalistes et des jurés littéraires.* » Il fut sous-titré "Hors Goncourt 2013." Car l'auteur connaît le système ! C'est d'ailleurs cette France de l'édition le décor principal, avec Kader Terns, le premier "auteur" français ayant annoncé « *j'ai vendu 10 000 ebooks sur Amazon.fr* ». Après son "incroyable succès", le petit caïd du 9-3 était descendu dans le Lot pour m'y rencontrer. Je devais rédiger ses mémoires, statut peu glorieux du nègre. Il faut bien bouffer !

## Ils ne sont pas intervenus (le livre des conséquences)

Le cinquième roman, aussi le plus personnel, avec quelques clés de l'enfance...
La lutte contre le déterminisme familial et social...

C'est sous le titre *Peut-être un roman autobiographique* que ce texte a trouvé un véritable public en numérique, surtout sur Amazon.

## Viré, viré, viré, même viré du Rmi !

Un court roman, social, librement inspiré de ma période rmiste, avec même quelques documents officiels du système administratif français.

## Quand les familles sans toit sont entrées dans les maisons fermées

Roman se déroulant dans le sud-ouest de la France, où de nombreuses résidences secondaires sont "revitalisées" par des jeunes sans toit. Roman social mais aussi une histoire d'Amour, avec la mystérieuse Séverine, venue d'un pays de l'Est en croyant posséder un visa d'étudiante mais tombée dans une filière...

## La faute à Souchon ?

Le roman le plus commenté. Même une lettre recommandée de l'avocat de Francis Cabrel et Richard Seff...

Que vivre quand, à vingt-cinq ans, *la vie professionnelle* devient invivable ? L'Amour ? Du passé... et pourtant quand aux *rencontres d'Astaffort*, apparaît Marjorie... Astaffort ? Reflet de la variété, réussite marketing de Francis Cabrel ou chance pour les créateurs ?... Et Alain Souchon, omniprésent, ou presque, symbole d'une époque...

## Libertés d'avant l'an 2000 (version 1 : Liberté, j'ignorais tant de Toi)

Un roman pour comprendre une époque. Où même les mots perdent leur sens. Une époque où seuls les installés pouvaient agir mais ne le souhaitaient pas, préféraient profiter des avantages en essayant de les transmettre à leurs enfants.

Comme un écrivain indépendant

## Mentions légales

Tous droits de traduction, de reproduction, d'utilisation, d'interprétation et d'adaptation réservés pour tous pays, pour toutes planètes, pour tous univers.

Site officiel : http://www.ecrivain.pro

Présentation des livres essentiels :
http://www.utopie.pro

**Papier ou pixels ?**

**http://www.livrepixels.com**
**http://www.livrepapier.com**

**ISBN 978-2-36541-461-6**
**EAN 9782365414616**

*Conforme à notre Constitution, la Loi sur le droit de prêt en bibliothèque ?* de Stéphane Ternoise
Dépôt légal à la publication au format ebook.

Imprimé par CreateSpace, An Amazon.com Company pour le compte de l'auteur-éditeur indépendant.
livrepapier.com
© **Jean-Luc PETIT - BP 17 - 46800 Montcuq**

**6 novembre 2013**